밤에 레몬을 하나 먹으면

전욱진

밤에 레몬을 하나 먹으면

난다시편

시인의 말

한번은 난간에 매달린 사람이 되어
나의 높이를 가늠한 적 있습니다

드러나지 않던 모든 것의 이름을
속으로 힘껏 부르며 언젠가는

난간을 붙잡은 이 손가락에 관해 쓰자
다짐했지요

그 아래는 조용한 바다였는데
지금은 정거장이 되었습니다

기다리는 나는 옆에 누군가 있는 것처럼
아주 오래전 이곳에 사람이 떨어졌었다고

언제나 매달려 있는 것은
다만 마음뿐이라고

2025년 겨울
전욱진

차례

시인의 말   005

1부 슬픔이 코 고는 소리

해빙기   010
해루질   012
피아노 레슨   014
피부와 마음   016
풍향   018
풀베개   020
폐문   022
파주   024
파스토랄   026
티후아나 기념품 가게   028

2부 능소화 지는구나

킨츠기 수업   032
키친   034
초생   036
지는   038
중정   040
저수지 휴게실   042
자카르타   044

자전거 버리기 046
원앙 048
양양 050

3부 인간을 판둔 이유는 아마 사랑이었을 거야

습설 054
스웨덴 가구 매장 056
솜털 오리들 058
스탄 게츠 060
사랑의 유람선 061
선릉과 정릉 062
사월 064
사슴농장 견학 066
사랑의 바깥 068
봉합 070

4부 저세상이 있다면야 모르지

복원 074
방공호 076
밤에 레몬을 하나 먹으면 078
믿는 사람 080
물방울무늬와 달빛 082
무주 084
마들렌 086
러시아의 풍경 묘사 088

돌아온 이야기	090
다시 봄꿈	091

5부 이 모든 게 꿈인 줄 모르고

높은 희망	094
나는	096
곳	098
개종	100
개의 마음	102
강릉 해변 메밀막국수	104
감은빛	106
가장 기억에 남는	108
가난	111
가든파티	112

전욱진의 편지	115
Crescent — Translated by Jack Saebyok Jung	119

1부
슬픔이 코 고는 소리

해빙기

다다른 저수지의 풍경이
쓸쓸하고 막막하지만
겨울 탓만 할 수 없었다

수심이 깊고 얼음이 깨질 수가 있으니
위험합니다

들어가지 마세요

쌓인 눈 위로는 이미
여러 사람의 발자국

사랑은 너무하고 무모해서
사람을 계속 걷게 했구나

아주아주 작고 조용해
인간의 눈에 띄지 않는 것을 위해
나직한 노래를 시키며

물이 얼어서 된 얼음 아래
슬픔이 코 고는 소리

해루질

야, 좀 일어나봐

부르는 소리에 눈을 떴다

사방이 어두워
지금이 밤인가보다 했다

누가 죽어 있나 해서 봤는데
너구나
내가 죽었었나보다

죽긴 왜 죽냐고
그가 나무랐다

자세히 보니 아는 사람이었다
오래전 그 누구보다 가까웠으나
이제 더는 만나지 않는 사람

나는 갯벌 위에 오래 누워 있었던 거 같다

근데 너는 무얼 하고 있느냐 물었더니

조개 줍는 거 안 보이냐
내게 대답하는 와중에도
그는 허리를 숙여 개흙을 뒤졌다
대강 보아도 수완이 좋아 보였다

그때 멀리서 호루라기 소리가 들려왔고

내 귀에 물이 들어오기 시작했다
그의 왼손에 든 랜턴의 빛은 바빠졌다

그 빛기둥이 눈꺼풀을 스쳐지난 순간
어쩐지 살아나야겠다는 마음이 들었고

우리는 도망치기 시작했다

피아노 레슨

짧게 피아노를 배운 적 있다
섬에 잠시 살았을 때 일이다

피아노를 배우면서 알게 된 사실은
나는 타인에 대해 아무것도 모른다는 것
그리고 앞으로도 계속 그러리라는 것이다

피아노를 가르쳐준 선생은
나이가 지긋한 중국인이었다

나와 악기 사이 간격은 어떠해야 하는지
그리하여 꼭 의자 어디에 앉아야 하는지
굽혀야 하는 팔의 각도 손가락의 모양까지
모두 적당한 거리를 유지하며 앉아 알려줬다
어눌하지도 유창하지도 않은 솜씨의 한국말로

그는 자기 이야기는 전혀 하지 않았다
다만 응접실에 놓인 자그마한 탁자 위
사진 한 장으로 나 혼자 짐작할 뿐

안에는 선생을 닮은 여자아이가 웃고 있었고
옆에 선 그는 젊고 자신만만해 보였다

소곡집을 펼치려 할 즈음
수업은 갑자기 중단되었는데
그가 스스로 목숨을 끊었기 때문이다

선생의 집 앞에 있던 구급차와 경찰차
수런대던 섬사람들이 기억난다

사진 속 아이만한 어떤 남자애 하나가
전화기를 손에 들고 엉엉 울며 중국말로
세차게 무어라 말했던 모습도 기억난다

그에게서 피아노를 배우던 학생이었는지 모른다
물론 그 아이가 무슨 말을 했는지 알지 못한다

죽는 순간까지 알 수 없다는 것

지금도 종종 누군가로부터 발음되는
그 사실은 내게 음악처럼 들리곤 한다

피부와 마음*

나는 바짓단을 접고 맨발로
한 손에 신발 한 손에 여행 가방
눈이 녹으면서 드러나기 시작한
사람들을 주우러

손으로 툭툭 털거나 입으로 후 불어
얼굴을 확인한 다음
쥐고 있는 손을 펴면
내 마음이 들려 있고

그걸 입안에 넣고 잠잠히
녹기만을 기다린다 십오 분 정도
몸에 좋은 것이 입에는 쓴 법이다
어른들의 말을 되새기면서

줄어든 사람의 몸은 이제 볼일 없지만
두고 떠난다면 쓰레기 무단투기이므로
여행 가방 안에다 차곡차곡 쌓아두고
집으로 가 종량제봉투에 담아 배출한다

아예 처음부터 쓰레기봉투를 손에 들고
땅만 보며 다니는 사람도 있는데
그게 뭐 그렇게 자랑할 거리라고
대부분은 나처럼 여행가방을 이용한다

그런데 이렇게나 작아지는 걸 보면
마치 사라지기를 바랐던 거 같은데
왜 아주 사라지지는 않을까
그게 나는 항상 의아하고

누군가의 손에 들린
사소한 내 모습도 이 세상
어딘가에 있다는 생각이
자주 나를 웃게 하고

* 다자이 오사무의 소설 제목을 차용.

풍향

내 방에 에어컨을 설치하기 위해
나이가 지긋한 남자와 여자가 도착했다

아웅다웅 옥신각신 티격태격 이러니저러니
그 둘이 실랑이하며 기계를 놓으려는데
옆에 있던 나도 참견하며 전해 듣기를

자식을 잃고 방황하다
함께 연 사업이라 했다

아내의 등을 다독이며 나서는
남편의 손이 반창고투성이였다

그날 밤은 시원했고

꿈에서 그들은
내 부모가 되어 있었다

혼자서도 자주 흐뭇해져

거실로 나와 재롱을 부리고
혼자서도 가끔 앵돌아져
방안에 혼자 있기도 하고

그러다 오늘 하루도 참 고생 많았다며
둘의 어깨를 두들기고 손발을 주물렀다

여름 지나면 다 같이 여행을 가자기에
여행은 무슨 여행이냐며 심통을 부렸지만
어느 날 저녁 불어오는 바람은 썩 차가워
가기로 한 섬의 모양을 그려보기도 했고

곧 있으면 밤이 더 길어진다는 사실은
어른이 되어도 무척 놀라울 거 같았다

풀베개

우리가 온천을 발견한 거 같다고
네가 말했을 때
땅거미 지는 숲은 조용했다

마치 금지된 장소에 다다른 듯했다
사실은 그렇지 않았으나
우리는 그렇게 생각하기로 했는데
여름에만 누리는 권능이었다

숲속 노천탕 앞에서
네가 계획에 없는 야영을 제안했고
그렇게 우리는 옷을 벗었다

물의 온도는 적절했지만
나는 꽤 떨었던 거 같다

오늘에 이르기까지
내가 알지 못했던 아늑한 물에
어깨 바로 아래까지 몸을 담근 채

아직 일어나지 않은 일과
이제 일어나게 될 일이
풀벌레 울음과 뒤섞였고

희망과 절망 불행과 다행을
더는 구별하지 못할 즈음
다만 이 밤을 잊을 수 없으리라는
개인적인 확신이 있었다

그건 여름에만 누리는 권능이었으나
지금 와 생각하면 의아하기만 하다

다음날 아침 새소리에 눈을 떴을 때
인간의 마음과는 무관하게 자라난
숲의 빈터 여름 한가운데

너는 그 많은 물을 어떻게
가져갔을까

폐문

하도 오래되어 이제 만나도 알아볼 수 있을는지
나는 십오 년 전 은퇴해 지금은 한적한 시골에 삽니다

재작년 심장 수술을 하고 천주교인이 되어
조용히 잘 지내고 있어요

지난날을 돌아보며 내가 섭섭하게 한 이들을 생각하니
최사장 생각이 나네요

지난날 나의 오만스러운 과오를 반성하고 있으니
언제 한번 만났으면 합니다

(나는 연필을 들어 뒷면에 적기 시작한다)

이런 날이 오기만을 기다리고 있었습니다
내가 어떻게 잊겠습니까 전부 기억합니다

모진 당신을 죽이고 싶었던 적도 있지만
그래서 당신 죽기만을 두 손 빌며 살았지만

이제 모두 지난 일입니다 다 한때잖아요

지금은 당신의 평화를 기도하면서 삽니다
나는 괜찮습니다 그러니 당신도
남김없이 잊고 앞으로를 사세요

(나는 내게 잘못 온 편지를 반송함에 넣는다)

파주

어느 날 마음은 바람 소리로
가득해진다

그런 날의 일과란 강가를 헤매다
볕이 넉넉한 곳에 가만히 서 있다
버드나무 한 그루가 점점 되어선
잠자코 흔들리는 일

그러면 새들이 어디선가 날아와
나의 내면을 거슬러올라가는데

그때 나는 내 잎으로
물위에 글씨를 쓴다
모든 게 괜찮다고
오지 않아도 된다고

(이런 일은 아무도 안 볼 때만 일어난다)

잔물결을 반짝이게 하는 것은

다만 이제 생각들뿐
곰곰이 헤아려보면
이해도 되겠지만

바람이 옮아갈 때는
강 건너로 보였다

발목에 줄 한 가닥 매달려 있어서
누운 채로 질질 끌려가는 한 사람

그 줄을 쥔 다른 한 사람이
계속 달리고 있다 웃으면서

파스토랄

모닥불 피워놓고 둘러앉아
가을밤을 지새우는 중입니다

늑대 울음소리가 들려오지만
우리를 위협하지는 못하고요

따뜻한 차를 함께 나눠 마시며
지나간 삶을 술회하고 있습니다

그중 화염을 응시하는 이
바로 오래전 나입니다

그이가 사랑했던 모든 것이
불을 넘어 다가오는 가운데

이제 누군가가 조그만 현악기를 꺼내
그이의 속엣말 노래로 대신할 겁니다

지극히 소박하고 평화로우면서

무척이나 서정적인 모습이군요

곧 있으면 닥칠 그 슬프고 끔찍한 일을
어느 누구도 알지 못하는군요

그러나 지금 이곳에서 그때를 돌이키는 나는
이미 시작된 노래를 끝까지 부르게 합니다

그곳에 모인 우리 모두를
계속 살아가도록 내버려둡니다

티후아나 기념품 가게

당신에게 찰스는 좋은 아버지였느냐
누군가 물으면 그는 망설인다

우리 모두 그렇듯 사람은 저마다 결점이 있어요
하나 확실한 건 아버지의 내면은 따뜻했단 거예요
이런 방식으로 그가 찰스에 관해 얼버무리면
누군가는 알려진 사실을 가져와 되묻는다

당신 아버지가 뉴욕 아파트 천장에 산탄총을 쐈는데요?
그가 공연 도중 자신의 더블베이스를 부숴버렸을 때는?
함께 연주하던 지미 네퍼의 앞니를 부러뜨린 건 알죠?

그럼에도 그는 좋은 아버지였나요?

그의 아버지는 흔히들 얘기하는
좋은 사람은 아니었다 확실했다

찰스 밍거스가 윤회를 믿었던 것도 잘 알려진 사실이다
죽을 날이 다가오자 자신을 인도의 어느 강에 뿌려달라

남은 이들에게 간곡히 부탁했고 실제로 그렇게 됐다
찰스가 정말 다시 태어났는지 그로선 알 수 없지만

이제 와 생각하기에 자신의 아버지는
언제나 겁을 먹고 있었던 거 같다고
걷거나 눕거나 밥을 먹거나 술을 마실 때도
무대 위에서 더블베이스를 연주할 때도

사랑할 때도 늘 무서워했던 거 같다고

요즘 들어 아버지와 함께 보낸 나날을
자꾸 아름답게만 떠올리기 시작한 걸 보면 그는
찰스가 무엇을 두려워했는지 조금은 알 듯했다

그래서 그 대화는 항상 이렇게 마무리된다
아버지가 오래전 티후아나에서 사 왔다는
우윳빛 바탕에 파란 새가 그려진 찻잔에 담긴
차를 마시며 그럼요 당신네 생각보다 훨씬 더

2부
능소화 지는구나

킨츠기 수업

그 수업은 매주 월요일 아침
교외의 한 아울렛에서 진행되었다

가져온 나의 조각들은 잘 맞물리지 않았으나
그럼에도 선생은 괜찮으니 그냥 그렇게 두라고
그것이 우리가 하는 일의 아름다움이라고 했다

겨우 짜맞춘 그릇은 언제나
수업이 끝날 즈음 다시 부서졌다
이게 다 무슨 소용 있나요
묻고 싶지만 묻지 않았다

그러고는 교실을 나와
유행이 지난 옷과 신발을 뒤적이다
아무 식당에나 들어가 점심을 해결했는데

하루는 밥을 먹던 도중 화재경보음이 울리며
바깥으로 대피하라는 안내가 있었다

나와 보니 식당가 근처 한 건물에서
정말로 새까만 연기가 새어나오는 중이었고
유리창이 깨지며 불길이 치솟기 시작했다

그때 주위를 둘러보는데
낯익은 얼굴 몇몇이 눈에 띄었다
나와 같은 수업을 듣는 이들 모두 거기 멍하니 서서
불붙은 건물의 외벽이 무너지는 광경을 보고 있었다

그 아름다움을 이해하기 시작한 이가
그곳에 나뿐만은 아닌 듯했다

키친

아일랜드 식탁을 사이에 두고
처음 먹어보는 이국의 음식이
말 그대로 처음 먹어본 맛이어서
눈 크게 뜨고 우리가 서로를 바라볼 때

문득 알아챈다
그의 등뒤에 난 조그만 창으로
현실이 우리를 엿보고 있음을

현실은 쌍둥이였다가 노인이었다가
사람이 아니었다 아무래도 신이었다
더는 무엇인지 모르겠는 때에 현실은
그냥 한 무더기 저녁이었다

어서 오렴 괜찮으니
그러니 이리 들어와

내가 이렇게 말을 건넸을 때
내키지 않아 하는 너의 표정은

물론 잘 알고 있었고

이제 이다음은 모두가 아는 그대로
흐른다
여기서 시간은 문제가 되지 않는다

빈 곳에 말 거는 사람을 부디
궁금해하십시오

초생

어느새
손톱 깎을 때다

사랑하고 있으므로

이제 나는 늘 바싹
깎아놓아야만 한다

보이는 아무 책이나 집어
바닥에다 놓고 깎는데

소설이다 달려가며 끝나는
이야기다

딱
딱

손톱 깎는 소리가 들려올 때마다
쉽게 슬퍼지고는 했어요

고백하는 장면을
머릿속에 그려본다 소설이다

우리가 죽을 때까지
이 짓을 해야 한다는 사실이
이상하지 않으세요?

내가 사랑하는 사람 내가 미워하는 사람
그러니까 모든 사람이 죽을 때까지
다들 이렇게 웅크려 소리낸다는 것이

어디론가 달려가지 않는 그가
가만히 책등을 털며 말한다

그러니 이제 그만하고 당신은
내 이야기의 일부가 되세요

나는 그렇게 한다

지는

그때 나는 한 노인을 모시며 생계를 유지했다
성질머리 고약하고 가진 돈 많고 말도 많은
그 늙은 남자에게는 말 한 마리가 있어서
종종 그를 데리고 경마장에 가야만 했다

뒷좌석에 앉아 쉬지 않고 말하던 노인은
항상 사물의 어두운 면만 보는 사람이었고
아름다운 언어는 다루는 법을 모르는 듯했다

그후로 나는 어느 한 생태 공원을 지날 때마다
그 자리에 있었다던 쓰레기 매립지를 떠올린다

어느 한 인공 섬을 지날 때는 큰비가 왔다던 옛날
그 자리에 강이 범람해 죽었다는 이들을 생각한다

괴팍한 고용주를 닮아가는 걸까 싶던
어느 날 아침 전화 한 통을 받은 노인이
경마장에 가는 동안 내뱉은 말은
이 한마디뿐이었다

"능소화 지는구나."

벌써 오래전 일이다

그때 그 노인이 기르던 말은
새끼를 낳다 산통으로 죽었다

중정

네가 이사를 막 마친 집
안채와 바깥채 사이
아담한 뜰

거기 네모반듯
소박한 빛 아래
꿩 한 마리가 있었다

어두운 밤이면 어디론가 사라져서는
아침이 밝자마자 이리로 되돌아온다고
말하는 너는 새를 대견해하는 거 같다

이름을 지어 부르자는 내 제안에
그릇을 포개다 말고 생각에 잠기는
너는 벌써 그 새를 사랑하는 거 같다

나는 언젠가 밤길에 차를 몰다
꿩 한 마리를 친 적 있다

그 새가 나로 인해 완전히 뭉개졌는데
혹여나 전조등이 깨지진 않았을까
범퍼에 묻은 피를 닦아내면서

내 입김 따라 올려다본 밤하늘에
별이 많이 떠 예쁘다, 혼잣말했던

물론 너에게는 말하지 않았다

앞으로도 말하지 않겠지

때때로 어느 한순간 너는
모든 걸 알고 있는 듯한 표정을 지으며
내 이름을 두어 번 부르는데

가운데뜰에 망연히 앉아 있는
그 새를 바라보며 그랬다

저수지 휴게실

샛강이 얼어붙었다
습지에 철새떼가 앉아 있다
새들의 몸집은 커다래서
기도하는 사람같이 보이고
곧 눈이 올 거 같다
(이것은 창밖의 풍경이다)

멀리서 기도를 마친 뒤
날아오는 뭇사람이
바로 착지하는 대신
두어 바퀴 더 선회하고
눈 오는 날은 따뜻하다
(이것은 내 생각이다)

방에 불이 꺼지자
기계음이 다시 켜지고
금속판은 가늘어진다
여기 우리의 슬픔처럼
지난여름 한낮처럼

(이것은 창밖의 바깥이다)

자카르타

내 지난 잘못을 용서해주기를
진심으로 바랍니다

이것은 세계에서 가장 섬이 많은 나라
계절은 한 개의 여름이 전부인 곳에서
상대에게 인사로 전하는 말

그 나라는 조금씩 가라앉고 있대

당신의 몸이 만드는 그늘 안에
아름아름 누워서 배웠다
귀여워해주는 당신을 믿고
더 자라지 않은 채

내가 가리키면
당신이 보았다
그때 동시에 목격한 건
오늘 내가 좋아하는 것

예쁘건 나쁘건
이제 더는 하지 않는다
마음이 생성하는 무언가를
손가락으로 집어 보이는 일

그것이 바람과 빛에 의해
조용히 자기 색을 잃어도
언젠가 여름이 끝나듯
내 의지와는 상관없이
일어나는 사실이 있고

다만 어떤 잘못은
전부 내 탓이어서
쪽볕에도 아랑곳하지 않은 채
계속되는 여름을 마다하지 않는다

이 모든 일이 끝나면
더 잘 사랑하게 될까
알고 싶어 하면서

자전거 버리기

한 사람이 두 개의 자전거를
끌며 가고 있었다

자전거 하나에 올라타
페달을 열심히 밟으면서
다른 자전거는 손잡이만 쥔 채

그렇게 자전거 한 쌍을 나란히

균형감을 잃지 않으려고
느릿하게 조용하게

내가 아는데
저렇게 하는 것은 절대
절대로 쉬운 일이 아니다

사실은 누구나 안다
누구나 알기 때문에

그 자전거의 주인은 지금 어디서
목적지를 향해 혼자 걸어가고 있느냐
묻지 않는다

자전거를 두는 곳이 저기
곧 나온다고 가리킬 뿐

원앙

집안에 우는 소리가 들려
한참을 찾는데

아무리 찾아도 보이지 않는다

원숭이 울음 같기도 하고
돌고래 울음 같기도 한 그것을
더는 찾지 않기로 한다

나는 작고 예쁜 새를 떠올린다

저녁에 그이한테 물어야지
우는 소리가 들리지 않느냐고
지금 무엇이 떠오르느냐고

내가 그것에 대해 다시 생각했을 때
날은 어두워져 있었다

그이는 아직 오지 않았다

요즈음 자주 늦는구나

내가 알고 있는 전부를
이야기하게 하는 사람

내 안에 물 흐르는 소리가 들려서
이제 이리로 와, 하고 말하자

그때 그것이 문을 열고
두 발로 걸어들어온다

내 발아래에 웅크려
어깨를 들썩인다

그저 등을 다독이며
왜 이렇게 늦었냐고
묻지 않기로 한다

그것하고 잘 지내본다

양양

우리 여기 또 오자

그래, 그러자

그런 다짐이 언젠가
이 자리에 있었을 것입니다

저기 둘은 그 약속을
지켜낼 수 있을까요
내가 할 염려는 아니지만

풋내기 서퍼들이 자기한테
알맞은 파도를 고르는 동안

모래 위 맨발인 나는 여전히
발아래를 걱정하며 걷습니다

기대를 저버린 날씨는 더욱
궂어져만 가고

결국 비가 올 것입니다

흐린 바다는 흐린 대로 좋네

그때의 내 대답을 궁리해보다가

어린애가 짓고 부순 저 모래성이
내가 아닐 리 없듯이

끝도 없이 들어오는 저 겹물결이
네가 아닐 리 없다고

들키기를 바라는 혼잣말도 생깁니다
아까 먹은 막국수 진짜 맛없었지

3부
인간을 관둔 이유는 아마 사랑이었을 거야

습설

이제 조금 진정이 된다고
그가 말을 하면서 실감한다

들리지 않는 이는 생각한다
말을 하다보니 마음이 점점
가라앉는 모양이라고

누군가 그의 등을 가볍게 다독이며
뜨거운 우유가 담긴 머그잔을 건넬 때
그는 어깨 위에 걸친 담요를 바투 감싸며
희미한 미소를 지은 뒤 재차 말을 잇는다

줄어드는 눈동자와 천천히 오르내리는 가슴께
어느 누구도 그가 하는 말을 가로막지 않는데

이 모든 걸 그저 바라만 보던
들리지 않는 이가 일어서면서
나무로 된 문이 활짝 열리고
실내에 눈보라가 들이닥친다

오늘도 미친 바람이 분다며
문가에 앉은 사람은 도로 문을 닫고
계속 이야기해줘, 그에게 부탁한다

벽난로 속 불꽃이 타오르는 동안
금방 들어온 눈송이들이 죽는다

우유 표면에 생긴 막을 응시하면서
잠깐 할말을 고르던 그가
이야기를 이어간다

스웨덴 가구 매장

자그마한 전등이 필요했다
빛이 충분하지 않아서

교외의 가구 매장은 커다랗고
안에는 우리가 내내 꿈꿔온
살림살이가 전시되어 있다

필요한 것은 다만 작은 빛
우리는 그 앞을 지나칠 수 없다

식탁 앞에 앉은 내가 말한다
지난밤 여기 아래 쥐 한 마리를 보았다고
그이는 그럴 리가 없다 하면서도
혹시 모르니 쥐덫을 사놓겠다고

마주앉은 우리가 웃는다 그리고 일어나
삶이 장만해놓은 여러 가능성을 지나쳐
사람들이 길게 줄을 선 식당에 다다른다

그들 뒤에 서서 우리 또한 얌전히 기다린 다음
스웨덴식 미트볼과 감자튀김 연어 샐러드를 받아
함께 먹으며 이곳이 지나치게 밝다고 생각한다

그때마다 우리가 필요로 하는 것은
보다 더 작은 어두움

물론 우리는 우리에게 맞는 전등을 사
집으로 돌아갈 것이다 빛을 원했으니까
가서는 쌓아둔 설거지를 해야겠지

그러나 깊은 밤 홀로 침실을 나와
조용히 식탁 앞에 앉으려고 할 때

나는 보게 되는 것이다

솜털 오리들

늦은 밤 빨래방에 앉아
문득 생각한다
바라왔던 마음 그것은

오염 없이 맑고 환하기
향기 퍼뜨리기
따스하면서 보드랍기

사람은 원하니까 그리고
그렇게 되는 과정을
저리도 투명하게

위잉
위잉

모르는 이와 나란히 앉아

사람의 마음을 알 수 없다는
자명한 사실에 놀라워하며

사람의 마음은 끝이 없다는
단순한 사실에 놀라워하며

빨래방 한구석 쓰레받기에는
솜털과 깃털이 그러모아져 있고
벽에 붙은 경고문
베개 인형 세탁 금지

위잉 위잉
그때 전화가 온다

지금 이리로 와달라
나한테 부탁하려고

가지 않겠다
마음을 설정하지만
남아 있는 시간을 확인한다

물은 넘칠 듯
자꾸 흔들거린다

스탄 게츠

서로의 종아리를 주무르다
저녁을 나눠 먹고

설거지하는 사람의 굽은 등에
한참 마음을 쏟다가

같이 좋아하는 음악을 재생하면
이 시가 시작된다

이렇게 간단해도 되는 걸까 내가 물으면
이렇게 간단해도 되지 그 사람이 답하고

내 삶은 알몸으로 밖을 배회한다
자긴 아무것도 숨기지 않는다고
처음부터 숨긴 적 없다고

이렇게 끝나면 된다고

사랑의 유람선

―저기, 저기 좀 봐.
―저 배엔 누가 타고 있어?
―사랑하는 사람들.
―근데 왜 우리는 저기 없어?

함께 오르기로 한 언덕에
혼자 와서 들었다

손 흔들며 멀어지는 사람들
그 사이에

우리도 껴 있었다

선릉과 정릉

마음을 앓는 사람과 함께 걷는다
살려면 먹어야지, 식당을 찾아서

옆의 사람이 오늘밤 죽을까봐
하루종일 붙어 있을 작정이다
타고 있는 불을 숲에
내버려둘 수는 없었다

새들이 멀리 떠나고 있었다
나는 돌아오고 있다 말했다

그의 얼굴이 빛에 따라
조금씩 다르게 느껴졌는데

얘기는 하지 않았다
침묵이 편한 것만은 아니었고

우리는 아주 오래 이동한 것 같았다
사막에 사는 이들이 물과 풀을 찾듯

그때 어떤 나이든 사람이 벤치에 앉아
삶은 달걀을 까서 먹는 모습이 보였다
그리고 아까 한 말,
살려면 먹어야지

삼켜야만 하는 다른 많은 죽음이
우리에게는 아직 더 많은 죽음이
준비되어 있다 거의 말할 뻔했다

다만 사랑하지도 미워하지도 말자
누군가 했던 말을 내가 꺼냈을 때
곁의 그는 몸에 불이 붙은 채
여름을 걱정하는 사람 같았다

왔던 길로 되돌아가는 동안
위에서 아래로 자꾸만
떨어지는 것들을 바라보며 너는
다시 태어나고 있다고 말했다

사월

인간을 멀리하는 사람이
무리에 섞여 걷는다
나를 사랑하느라

이 무렵 햇빛도 같은 이유로
천천히 사그라지고

그쪽에서 요약하면
살려달라 하는 말들

이쪽에서 요약하면
있어달라 하는 말들

지그시 나누는 동안
꽃그늘이 일어난다

기타를 품에 안은 이가
목을 가다듬기 시작하자

서리처럼 성마른 그 사람이
이제는 봄옷 같은 이유가
나를 사랑해서

이맘때 들려오는 애창곡
모두가 부르는 꽃노래를 견디며

봄이면 슬퍼하는 사람이
꽃핀 나무 아래를 거닌다

사슴농장 견학

거기 일하는 사람 하나가 수상했다

어디선가 무슨 큰 잘못을 저지르고
여기 숨어들어 사는 사람 같아 보여
어쩐지 그렇게 느껴지지 않아?

넌 잘 모르겠단 표정이었지만
난 그런 삶도 분명 있을 거라 여겼는데

어디를 보아도 사슴이었다

우리는 많은 사슴의 등을 손으로 쓸었고
정말이지 많은 사슴의 머리를 쓰다듬었다
수사슴의 경우엔 뿔을 어루만지기도 했다

우리 뒤에 있던 부부 중 하나는 계속
사슴 고기의 맛은 어떨지를 궁금해했다

그늘에 누운 사슴 하나를 바라보면서

넌 이런 삶도 좋을 거 같다고 말했다

난 이 한가로운 짐승들을 지나면서
얼마 전까지만 해도 인간이었던 녀석도
이 가운데 있을 거 같단 생각이 들었다

인간을 관둔 이유는 아마 사랑이었을 거야

넌 지그시 웃는 얼굴이었고
난 그런 삶도 분명 있을 거라 여겼는데

곧 일하는 사람 하나가 다가와
사슴뿔에서 갓 빼낸 피니 어서 마시라며
나한테만 몰래 종이컵을 건넸다

김이 모락모락 나는 그걸 한번에 들이키며
이보다 더 나은 삶을 상상할 수 없었고

저 앞 수많은 사슴 가운데
너를 찾기란 꽤 어렵겠다고

사랑의 바깥

문을 열면 잘 모르는 두 사람이
자주 내 침대에 누워 있습니다
거기 전부 옷을 벗고 있으니
연인 사이가 분명합니다

나이, 성별, 인종, 장애의 유무
상관없이 날마다 여러 가지 얼굴 위
하나같이 다들 깜짝 놀란 표정으로
(놀라야 하는 쪽은 아무래도 이쪽인데요)

옷이라도 대강 걸치라는 의미로
내 집인데 크게 헛기침을 한번 하고
바깥에 걸어놓는 자물쇠가 늘어도
연인들은 용케 결국 할일을 합니다

다행히 물건을 도둑맞은 적은 없는데
도둑은 연인이 될 수 없는 건지
연인이 되면 도둑질을 관두는지

내가 알 수 있는 건 없지만
집을 나서기 전 무슨 까닭일까
이불을 개키고 온도를 살폈습니다

두 사람 외의 것은 만지지 마시고
이왕에 오셨으니 사랑만 하세요

일종의 안내문과 각종 피임 용품
자두 향이 은은한 몸 비누에
일회용 (삼중 날) 면도기까지

어느덧 제법 훌륭한 여관집의 주인이 되어 있습니다
(보이던 얼굴이 안 보이면 이제는 서운하기조차 하고)
내년에는 방을 온통 하얗게 칠해볼 작정입니다

다만 크리스마스 전야 하루는 혼자인 내가
집에서 안 나가는 심술도 좀 부려보며
아름답지만 사랑하기 싫은 사람과
남의 험담으로 새는 밤을 즐기기도 할 겁니다

봉합

그는 언제나 칼을 지니고 다녔고
그 점이 나는 마음에 들었다
저이는 살면서 무엇을 베어왔을까

나중에야 알게 된 사실이지만
그때 그도 나와 같은 생각을 했다고 한다
우리가 앞으로 무엇을 베게 될지

그렇게 함께 다니게 된 그이와 나는
두려울 게 없었고

적의 손목을 자른 그것으로
사과를 깎아 입에 넣어주던 밤들이 있다

그 사이사이 이제는 셀 수조차 없는
경찰차와 구급차의 밤도 우리에게 있다

그리하여 오늘날에 이르기까지
서로의 칼을 바꿔 쥔 다음

그이와 나는 끊임없이 겨뤘으나

잘려나간 부위는 자라지 않는다
물론 이것은 이미 오래전 우리가
우리의 부모로부터 배운 사실이다

그리고 붉은색과 푸른색이 교차하는 가운데
겁먹은 이웃들의 얼굴을 보며 자라난 아이

매일 아침 그 아이가 메고 가는 책가방
열린 틈 사이 번쩍이는 그것으로

우리가 결국 최후를 맞으리라는 사실까지

4부
저세상이 있다면야 모르지

복원

하루는 어떤 이의 연대기를 작성하는 일을 했고
내 생각에 난 어느 정도 소질이 있었다

누군가 그 일만 평생 하라고 시키면
흔쾌히 그렇게 할 수도 있을 거 같았는데

이 세상에 그런 일만 하는 직업은 없다
저세상이 있다면야 모르지

그이가 청년기를 지났을 때
밖은 여름 더위가 시작된 참이어서

벽에 걸린 선풍기를 쳐다보았지만
알록달록한 천으로 덮여 있었고

감독관은 이른 저녁을 먹으러 나가
돌아오지 않았다

그이가 현대에 돌입했을 즈음

문득 배가 고파져왔고

일어나 창문을 열며 생각했다
집에 가서 쌀부터 안치자

길가에는 이 무렵을 지나는 내가 보였고
한 사람의 멸망도 시작되려 하고 있었다

방공호

우리에게 이곳 열쇠를 쥐여준 사람들은
이곳에 없다

그들은 이제 다른 세상이 되었다

이십 세기 응접실을 닮은
아름다운 피난처에서
우리는 처음부터 시작하고

사랑하는 이의 머리카락을 잘라주다
결코 일어나지 않는 미래를 입에 담으며
함께 환하게 웃지만

밤이면 서로의 곁에 누운 채
가만히 한 사람의 지금 얼굴을
내내 궁금해하는 마음을

그러면서 곁에 방금 잠이 든
사랑하는 이를 더 꼭 껴안는

이 마음을 평생 의아해하면서

우리는 처음부터
다시

밤에 레몬을 하나 먹으면

잊고 있었던 일 하나가
문득 떠오른다

오늘밤은 내 어머니의 아버지의 아버지 생각

젊었을 적 그는 수맥 점을 치며 먹고살았다
직각으로 꺾인 작은 지팡이 한 쌍을 쥐고
물이 흐르는 곳을 찾아다녔다

그러던 어느 날 여느 때와 같이
손에 쥔 두 지팡이가 움직였고
그 지점 아래 우물을 파던 날

그는 그곳에서 누군가를 만나
첫눈에 사랑에 빠지는데 그 사람이 바로
내 어머니의 아버지의 어머니

수맥 점 치는 일도 우물 파는 일도
다 그만두고 그는 그곳에 정착했다

자기가 판 우물물을 마시며
그는 마을에서 평생을 살았다

내 어머니의 아버지의 어머니는 물론
내 어머니의 아버지와 어머니도
그 물을 마셨고

같은 마을에 살았던
내 어머니와 아버지도 그 물을 마셨다

나는 입안 가득 고인 침을 삼키고는
밤에 레몬을 하나 더 먹을지 고민한다

그리고
양손에 버드나무 가지 한 쌍을 쥐고 노는
한 아이에게 성큼 다가가 그것을 빼앗아
아주 부러뜨려버릴까 생각한다

밤에 레몬을 하나 먹고
하나 더 먹어서

믿는 사람

보고 싶은 사람은 어제에 있고
영원의 근처를 나는 서성인다
이제 무슨 일이든 일어나야 하는데

그때

천천히 내 앞에 굴러오는 작은 공
나는 모르는 체하며 지날 수 있고
수풀이 있는 데로 내던질 수 있다

그러나 눈빛을 먼저 건네고 있는
그들이 아무쪼록 받을 수 있도록
포물선을 그리게 잘 던져주는 것

이곳에서 나의 기쁨이란 이런 것

보고 싶은 사람은 어제에 있고
이렇게 나는 또 날짜를 스스로
조용히 옮겨 적고 있지만

그 사람은 내가 다가온다 말하고
나는 그 사람이 내게 온다 말한다

눈이나 비처럼
하나하나 온다는 것

이곳에서 나의 슬픔이란
이런 것이다

물방울무늬와 달빛

웨스가 기타 연주자가 될 수 있었던 건
그의 형 몽크 몽고메리 덕분이었다
석탄과 얼음을 판 돈으로 전당포에서
오래된 기타 하나를 얻어왔기 때문이다

그날은 아마 웨스의 생일이었을 거다
그로부터 이십 년 후 웨스의 심장이 갑자기 멈췄고
이제 그는 내 오래된 레코드판 안에서만 연주한다

악보 읽는 법도 몰랐던 웨스 몽고메리는
끊임없이 연습한 끝에 유명인이 됐지만
그렇게 되기까지 낮엔 용접공 일을 하며
제 아내와 일곱 명의 자식을 부양해야 했다

저녁엔 나이트클럽에서 기타를 연주하고
아주 깊은 밤이 돼서야 집으로 돌아왔다

웨스는 끊임없이 연습했고
그건 심야에도 마찬가지였다

아내와 아이들 그리고 이웃이 깨지 않게
느지막이 나지막한 소리를 내기 위해
현을 튕기는 데 쓰는 플라스틱 쪼가리 대신
오른손에 붙어 있는 첫손가락을 사용하여

안에서 바깥으로 부드러운 피부가
하나하나 자아내는 소리를 떨림을
그를 사랑하는 모든 것이 잠든 시간

안에서 바깥으로 바람은 흐르고
빛줄기가 만들어낸 밤그림자
그 위로 똑똑 떨어지는 음향들을

웨스는 항상 놀라워했다

무주

"이곳을 벌써 사랑하고 있습니다
당신이 거했었다는 이유만으로"

나는 이렇게 쓴다

"지금에 내가 보고 있는 이것을
그전에 당신이 보았다 생각하면
당신과 나는 마찬가지가 되어
이곳이 포실한 서랍 속 같습니다"

이렇게 쓴다고 해서
당신은 생겨나지 않고

이곳에 없는 당신이
그곳에서 얼마나 아름다울지는 안다

"저 숲과 산을 어디 숨겨놓을까요
다 다른 꽃나무와 다다른 철새들
단지 재미로 당신 놀라게 하려고"

이 기분도 그리 오래가지 않는다

이곳에 없는 당신은
그곳에서 사람들의 마음을 사로잡고

내가 내는 빛은 다만 녹록해
언제 어디서나 어렴풋한 그늘
누구도 잘 쉬지 못하지만

목에 줄을 매단 채 비틀대며
도로변을 걷고 있는 저 개를
당신이 쓰다듬어주면 좋겠다

"모닥불 옆에 앉은 나는
주위에 아무도 없는데도
당신 이야기를 들려주곤 합니다"

이곳에 없는 당신은
이해해줄 것이다

마들렌

내가 어젯밤 내다 버린 소파 위에
오늘 아침 누군가 앉아 울고 있다
날은 막 새기 시작하는데

손수건이 있다면 좋았겠지만
때마침 빵집에 다녀오는 길
우는 이에게 조용히 다가가
단팥빵 하나를 건넨다

말 그대로 눈물 젖은 빵이었겠네
그래 정말 눈물 젖은 빵이었겠지

난 아파트 비상계단에서 그랬어
난 지하철 승강장에서 그랬는데

소시지 든 페이스트리를 받았지
무화과가 박힌 캉파뉴를 먹었어

그리고 이어진다

모르는 누군가가 건넨

그때 그 빵의 맛과

온도에 관한

이야기

러시아의 풍경 묘사

그는 여름에 다녀온 여행 이야기를 꺼냈고
모스크바로 가는 열차에서 보낸 며칠 동안
수시로 바뀐 창밖 풍경에 관해 들려주었다

낮과 밤을 길러 배웅하던 타이가의 침엽수들
수평선과 지평선 구름이 추는 트로이카
은 쟁반 같았던 바이칼 호수의 마음 없음

그러고는 잠시 멈춘 뒤 열차에서 만난
파란 눈의 아이들이 얼마나 귀여웠는지

그리고 이층 침대를 함께 쓴 어떤 한국인에 관해

그때 열차가 굽은 궤도를 돌 듯 풍경이 접히며
말하는 그의 눈동자 안에 무언가 떠올랐으나
시선을 창밖으로 돌려서

자작나무 숲의 고요한 겨울 꿈
한밤중 들려오던 바위의 울음소리

끝도 없이 펼쳐진 넓고 큰 땅

그럼에도 눈동자에 뜬 그것은
좀처럼 어두워지지 않았으므로

열차에서 일어난 일은 묻지 않기로 하고
그에게 모스크바는 어땠느냐 물었다

그제야 백야 기간에서 돌아온 그는
차르의 여름 별장에 관해 천천히
이야기하기 시작했지만

돌아온 이야기

채소와 달걀과 우유와 생선
무화과랑 올리브가 든 빵

작고 잦은 노래
몰래 추는 춤

누가 시켰는지
이제는 도저히 알 수 없는

오래된 심부름 다녀오는 길

저마다의 산과 바다를
모두가 등에 업은 채로

그러니 꼭 바퀴 달린 침대 위가 아니어도
길을 막 나선 사람에게 말해줄 수 있겠지

다들 얼마나
사랑받고 싶어하는지 모른다고

다시 봄꿈

실개천을 따라 가지런히
일렬로 늘어선 겨울나무

그 아래를 처음 지나고 있을 때
나와 함께 걷는 이가 말했다

봄이 되면 이 길 위로
벚꽃이 잔뜩 핀다고

올려다보면 더운 저녁 하늘 같은
어지러운 분홍빛이 기다랗게 이어지고

우리보다 앞서 걷는 우리 둘의 시간을
재바르게 쫓으면서

이제 나도 저 겨울나무의 이름을 안다
만나는 사람마다 자랑하고 싶었다

5부
이 모든 게 꿈인 줄 모르고

높은 희망

엘모 호프는 모처럼 이른 아침
피아노에게 이런저런 부탁을 하고 있었다

오랜만에 아침놀을 보고 싶어 나선 길이었고
그게 다였는데 하필 길가에 누운 피아노라니
아직 쓸만해 보이지만 쓸 수 없겠지
그래서 버렸을 거다 엘모는 생각했다

그때 한 소년이 가만히 서 있는 그를 흘기며 지나쳤고
그래 딱 너만할 때 일이야 조심해라 엘모는 생각했다
경찰이 쏜 총에 맞은 그는 자기가 곧 죽는 줄 알았다
하지만 지금 이렇게 살아 있다

그뒤로 교도소도 몇 번 들락거렸다
와중에 할리우드는 참 대단했다고 엘모는
모두 지난 일이라고 생각했다
그러나 사라지지는 않았다

그러고는 생각을 멈추고

건반 위에 내린 이슬 하나하나를
자기만의 방식으로 훔치기 시작했다

봄에 파종하는 사람의 모양으로
수확을 바라는 사람의 마음으로

이제 피아노가 엘모에게 간청했다
자기를 좀 일으켜세워달라고
다시 한번 노래하게 해달라고

엘모는 일어설 거라고 생각했다 그는
한편 그러지 못할 거라는 것도 알았다
자기가 더는 할리우드에서처럼
연주해내지 못할 거라는 사실도

그때 이번에는 다른 소년이 다가와
뭘 하는 중이냐고 그에게 물었다
다시 생각에 빠지려던 엘모가 말했다
아무것도 아니란다 애야 이건 아무것도

나는

사랑하고 오는 길에
나지막이 오래도록 이어지는
빛을 통해 문득 알게 되었다

이제 나는 지는 해를 바라보며
한 사람의 얼굴을 떠올리는 사람

혼자 걷다 그만 넘어진 이에게
다가가 먼저 미안하다 말하는 사람

세상의 오해와 맞서는 이의 곁에
가까이 서서 그의 편을 드는 사람

그러니까 도무지 사랑해서
그 빛에 자주 눈이 시린 탓으로
내리 걷다가 닿은 바닷가에서도

전속력으로 해변을 달리는 이가 보이면
끝내 늦지 않기를 조용히 응원하는 사람

바다 앞에 어정대다 결국 웅크려서
어깨를 들썩이는 이의 옆에 앉는 사람

눈으로는 파도를 쓰다듬으면서
한 사람을 내내 생각하는 사람

곶

작년 크리스마스 불빛 같은 앵두나무 아래
우리는 둘러앉아 사랑에 관해 이야기했다

내가 입을 열어야 할 차례가 되었을 때
나뭇가지에 앉은 새가 날개를 치며 날아갔고
방금 저 작은 새가 낸 커다란 날갯짓 소리
그러니까 사랑은 그런 것 같다며

어디를 보아도 눈에 걸리는 산등성이
바다는 멀리 있을 터였다

다시 내 차례가 되었을 때
웬 고양이가 양철 지붕 위로 우당탕 떨어져서는
태연히 일어나 그대로 느릿느릿 멀어졌고
아무래도 사랑은 저런 것 아니겠냐며

마냥 자연에만 빗댈 뿐
머릿속에 떠오르는 걸 말하지 못했는데
사실 그때 생각한 것은 하얀 배였다

한배를 타다, 같은 예사로운 말도 쓰면서
크리스마스 불빛을 사이좋게 나눠 먹는
너무 조용하고 오래된 슬픔이 함께 탄 배

그리하여 배가 산으로 가지만
키를 잡은 나는 멈출 수 없고

바다는 멀리 있을 터였다

개종

천장에 새는 물을 받는
고무 양동이가 말했다
사람을 믿어도 된다고

그때 나는 천천히 넓어지는 동심원

남자 화장실을 청소하는
여성 미화원이 말했다
그 사람은 믿어도 좋다고

그때 나는 맥없이 미안한 마음

자동차 밑에 웅크린
길고양이가 말했다
이제 그래도 된다고

그때 나는 고양이가 잃어버린 꼬리

한쪽으로 계속 기우는

나무우듬지가 말했다
이제는 그래야 한다고

그때 나는 불어오는 산들바람

솜털 같은 구름이 줄지어 있고
연한 초승달은 아무 말이 없다

가지고 온 우산을 펴듯
생각 속에만 있는 내가
다시 의심을 시작하자

숨겨진 물방울은 한꺼번에 와서
사람이 사람을 믿어도 된다고
그때 나는 젖어 사그라진 모닥불

오직 한 사람을 걱정하는 사람

개의 마음

내가 어디서 개집을 주워 왔다

이상한 말처럼 들리지만
사실이 그렇다

사람 사는 집의 지붕을 본뜬
그저 그런 플라스틱 개집

나는 개를 키우지 않고
개가 나를 키우지도 않는데
이 커다란 개집을 왜
내 집으로 가져왔을까

간밤의 나를 이해하려고 해본다 하지만
인간의 마음이란 도통 이해할 수 없는 것

그러나 개의 마음은 다를지 모르지
나는 할 수 있는 데까지 몸을 움츠려
어느 개가 살았던 집안으로 들어간다

톡 톡 톡톡 토도독 토도독토도독
그때 작은 무언가가 지붕을 때리더니
위에서 물방울이 세차게 떨어졌다

그리고 누군가 내 이름을 부르는 소리

벌써 사랑하고 있는 나는
빗속을 가로질러 달리기 시작했고

강릉 해변 메밀막국수

바다가 보이는 해안가에 있지 않고
가파른 벼랑 위에 있는 것도 아닌

그냥 내륙 어디 산업 단지 안
점심때 지나서도 쉬는 시간 없이

위를 실하게 하고 기운을 북돋우며 혈당을 낮춰준다
그리고 정신을 맑게 하며 오장의 찌꺼기를 없애준다
메밀꽃 필 무렵의 비탈밭을 배경으로
정성스레 쓰인 메밀의 효능이라는 것

잘 삶은 달걀이 정확히 반 개
고추장 양념에 버무린 명태회
잘게 부순 김이랑 얇게 저민 오이
참깨 빻은 것하고 참깨로 짠 기름
살얼음이 뜬 시고 단 동치미 국물

맞은편 테이블에 연인 중 한 사람이 말하길
설탕 대신 매실청을 썼을 거야 후루룩후루룩

우리 여름 되면 여기 또 오자 호로록호로록

그렇다고 불가능한 맛을 자아내는 방식은 아니고
매일 아침 직접 기계로 뽑는 메밀국수 가락 정도
그러니까 그저 앞니 아랫니만으로 툭툭 끊어
삼킬 수 있는 정도

그렇게 삼킨다 해도
발목을 적시는 물결의 감촉이 느껴지거나
파도 소리가 귀에 들린다거나 하지는 않는
그러니까 불가능을 이야기하는 방식이 아닌

이 기분 좋은 단맛은 역시 매실청일 것이다

강릉 시내 다 내려다보이는 높다란 언덕에는 없다
생선을 벼르는 고양이가 많은 포구에도 있지 않다
내가 어느 곳에 있건 별로 중요한 문제는 아니지만

단지 여름에 먹었으면 더 좋았을 것이다

감은빛

입구에 놓인 작은 산타클로스는 검은색 안경을 쓰고 있었습니다. 오늘은 다같이 영화관에 가는 날이라, 일찍부터 눈을 떴다는 아이들은 잔뜩 신이 났습니다. 극장에 가는 건 재미가 없다며 투덜대는 아이도 물론 몇 있었습니다. 그렇지만 막상 밖으로 나서자 도드라진 마음 함께 더듬으며 영화관 냄새에 관해 이야기했습니다. 가는 길은 휘파람도 넘어지는 미끄러운 길. 아이들은 잡고 있던 서로의 손을 더 꽉 쥐었습니다. 그 모습이 꼭 사이좋은 펭귄들 같다는 선생님 말씀에 각자의 새를 머릿속에 떠올린 아이들은 웃거나 웃지 않았습니다.

두 자매의 사랑으로 영원한 겨울을 극복한다는 줄거리의 만화영화였습니다. 장엄한 궁전과 노래하는 칠월의 눈사람에 대해 내가 설명하는 동안, 아이들은 희고 추운 빛을 맞으며 앉아 저마다의 이야기를 그렸습니다. 코를 골며 자는 아이도 물론 몇 있었습니다. 극장을 나서고 얼마 안 있어 함박눈이 내렸습니다. 얘들아 눈 온다, 선생님 말씀에 아이들은 멈춘 다음, 크게 입을 벌렸습니다. 눈이 오면 꼭 저런다며 선생님이 웃었습니다. 그러니까 아이들은 정말로 허리가 긴 새 같았습니다. 멀리서 다가오는 쇄빙선 하나를 나는 눈에서 조용히 지워냈습니다.

가장 기억에 남는

이번 모임의 첫날에도 어김없이
모두에게 주어진 질문

그때마다 나는 내가 탄 비행기가
바다에 비상 착륙했던 날을 이야기한다

세차게 흔들리는 기내가
낮과 밤을 순식간에 오갈 때

대롱대롱 매달린 산소마스크
구명조끼 찾는 다급한 손

사람들의 비명
우는 소리

머릿속을 스쳐지나가는
사랑하는 이들의 얼굴

내가 더 사랑할걸

후회하며 뱉은 혼잣말
커다란 충격과 폭발음

그리고 어느 한순간
눈앞에 놓이게 된
물과 하늘이 이룬 경계
그 너머 불그스름한 빛

내가 더 사랑할게
다짐하며 뱉은 혼잣말
공기로 가득찬 미끄럼틀

그러고는 시간이 흘러서
이곳에 앉아 있다고

더는 취하지 않기 위해
한자리에 모였지만
그저 술에 취해 있는 몰골로

옆에 앉은 코가 빨간 사람이
가만히 내 어깨를 다독인다
대단했겠다고

나는 대답한다
정말 그랬다고

가난

나무 아래 아직 비가 온다
나는 나라 안팎 사정이나
생활의 어려움 같은 것으로
다시 이야기를 옮겨갔지만
미처 하지 못한 말이 있어
계속 그 생각뿐이었다 그리고
모든 것이 갑자기 밝아졌을 때
너의 얼굴을 까맣게 만드는 것이
나무 그늘만은 아니었다

가든파티

바다가 보이는 어느 절벽
하얀 식탁보 위에 맛있는 음식 좋은 술
사람들의 끊이지 않는 웃음

돌아오지 않던
내가 편애한 그이까지
이곳에 와 있군요

오늘만큼은 나도 춤출 수 있겠다
속으로 생각합니다

이 모든 게 꿈인 줄 모르고

깨어나보면 허름한 술집
나와 함께 패배한 사람들

여전히 오지 않는 사람은
다시는 오지 않은 사람이 되어가고

그러니까 오늘도 어리석었지요
내가 춤출 수 있겠다는 생각은

그 모든 게 꿈인 줄 모르고

전욱진의 편지

시집을 막 펼쳤거나 곧 덮으려는 당신께 쓰는 편지입니다. 저는 이 책을 지은 전욱진이라고 합니다. 영미권에 널리 알려진 격언 가운데 이런 말이 있습니다. "삶이 네게 레몬을 주면, 그걸로 레모네이드를 만들어라." 여기서 레몬은 고난과 역경, 레모네이드는 이를 기회 삼아 바람직한 가치를 이룩하는 낙관적 태도 같은 걸 의미하겠죠.

다짜고짜 레몬 타령이냐 나무라실 수 있겠습니다. 물론 시집의 제호 때문이기도 합니다만, 앞서 말씀드린 레모네이드 그러니까 그 너그러운 마음가짐의 어려움을 시의 화자들이 공유하는 까닭입니다. 제가 보기에 이 책에는 세상이 쥐여준 레몬을 어찌할 줄 모르다 결국 한입 베어 물게 된 사람이 많이 나옵니다. 선 채로 얼굴을 찡그리는 이들은 지나온 삶이 대관절 어땠길래 내 손에 이런 게 쥐어진 걸까, 한번 따져보는 중인데요. 동시에 무언가를 잃어버렸지만 그게 정확히 무엇인지도 모르는 사람들입니다.

시의 화자들이 이러한 이유는 아무래도 이들을 만들어낸 저의 기질이 투영된 탓일 겁니다. 사실 저는 지금껏 어렴풋이 살아온 느낌입니다. 마주한 모든 빛과 현실 앞에 늘 얼떨떨하고 난처한 모양으로 서 있던 듯합니다. 그렇게 한 시절을 같이 지낸 사람들에게조차 데면데면 굴다 작별 인사 없이 떠나보낸 적도 많고요.

하나 그들이 갓 떠난 자리 그 움푹한 표면을 손으로 쓸어보는 일. 그리고 이런 나와 비슷한 처지의 누군가가 들어주길 바라며 나름 크게 혼잣말하는 일. 그리하여 내 안과 밖을 미약하게나마 연결시키는 일. 저는 이 모든 걸 "시를 쓰다"란 말로 축약하고는 합니다.

그럼에도 언제나 샛노란 절망은 다시금 때구루루 굴러옵니다. 우리는 어느 때에야 저걸로 달고 시원한 음료수를 만들 수 있을까요? 다만 반쯤 베어 문 그것을 쥐고서 금방이라도 울 것 같은 표정을 짓는 사람이 나 혼자만은 아니구나, 책을 읽고 난 당신이 느끼면 좋겠습니다. 또 마침내 당신 손끝에선 좋은 향기가 난다고, 우리가 서로 얘기해줄 날이 오면 좋겠습니다.

Crescent

Translated by Jack Saebyok Jung

Crescent

Before I know it,

whenever time comes to cut my nails again,

because I am in love,

I must always keep them

shaved down to the quick.

I grab whatever book is nearest,

spread it on the floor, and clip—

it's a novel, a story that

finishes in a sprint.

Click,

click.

Whenever that nail-clipping sound drifts in,

you go soft, suddenly sorrowful,

picturing a confession scene
in your head. A novel,

you think. The fact that we have to
keep at this right up until we die—
isn't it strange?

The one I love, the one I hate—
in other words, everyone—all of us, to our deaths,
hunched like this, making that same sharp sound.

The one who never goes anywhere
dusts off the spine of the book and says,

So stop now, and you
become part of my story.

I do.

정새벽(Jack Saebyok Jung)

하버드대 영문학과를 졸업하고 서울대 대학원에서 국어국문학 석사학위를 받았다. 아이오와 작가 워크숍에서 트루먼 카포티 펠로우로 시를 공부했다. 이상의 『Yi Sang: Selected Works』, 김혜순의 『Lady No』 등을 번역했다. 『이상 선집』(Wave Books, 2020)으로, 미국 현대언어학회가 수여하는 알도 잔 스카글리오네 문학 번역상을 받았다. 2024년 미국 국립예술기금 National Endowment for the Arts 번역가 펠로우이며, 첫 영문 시집 『호커스 포커스 보거스 로커스』(Black Square Editions, 2025)를 출간했다. 현재 데이비슨 칼리지에서 학생들을 가르치고 있다.

난다시편 003

밤에 레몬을 하나 먹으면
ⓒ 전욱진 2025

1판 1쇄 인쇄 2025년 11월 25일   1판 1쇄 발행 2025년 12월 10일

지은이 전욱진
펴낸이 김민정
책임편집 유성원
편집 정가현 민윤지 정수범
디자인 퍼머넌트 잉크
저작권 박지영 형소진 주은수 오서영 조경은
마케팅 정민호 박치우 한민아 이민경 박진희 황승현 김경언
브랜딩 함유지 박민재 이송이 박다솔 조다현 김하연 이준희
제작 강신은 김동욱 이순호
제작처 천광인쇄사

펴낸곳 (주)난다
출판등록 2016년 8월 25일
제406-2016-000108호
주소 10881 경기도 파주시 회동길 210
저작권 및 독자문의 copyright_nanda@munhak.com
작가섭외 및 행사문의 innanda@munhak.com
페이스북 @nandaisart   **엑스** @wingedpoems
인스타그램 @nandaisart
문의전화 031-955-8865(편집) 031-955-2689(마케팅) 031-955-8855(팩스)

ISBN 979-11-24065-04-4 03810

○ 이 책의 판권은 지은이와 (주)난다에 있습니다.
○ 이 책 내용의 전부 또는 일부를 재사용하려면 반드시 양측의 서면 동의를 받아야 합니다.
○ 이 책은 경기도, 경기문화재단의 지원을 받아 발간되었습니다.
○ 난다는 (주)문학동네의 계열사입니다.
○ 잘못된 책은 구입하신 서점에서 교환해드립니다.
  기타 교환 문의 031) 955-2661, 3580